Un planeta precioso

BLUME

Título original *Animal Adventures*

Traducción y coordinación de la edición en lengua española
Cristina Rodríguez Fischer

Primera edición en lengua española 2025

© 2025 Naturart, S.A. Editado por BLUME
Carrer de les Alberes, 52, 2, Vallvidrera
08017 Barcelona
Tel. 93 205 40 00 e-mail: info@blume.net
© 2024 B.T. Batsford Ltd, Londres
© 2024 de las ilustraciones Millie Marotta

ISBN: 978-84-10469-25-9
Depósito legal: B. 23173-2024
Impreso en China

WWW.BLUME.NET

Millie Marotta

Un planeta precioso

una aventura para colorear
de forma consciente

BLUME

Introducción

Resulta increíble que el lanzamiento de *Un planeta precioso* marque el décimo aniversario de la publicación de mi primer libro para colorear, *El reino animal*. Son diez años a lo largo de los que he observado cómo se desarrolla y prospera una maravillosa comunidad de coloristas, lo que supone para mí una alegría y un privilegio. Otra cosa que significa mucho para mí al hacer estos libros es que con ellos comparto mi pasión por el mundo natural y rindo homenaje a las extraordinarias especies que viven en nuestro planeta. Así que también han sido diez años de investigación, exploración, dibujo y descubrimiento: lo he disfrutado enormemente y, a lo largo del camino, he aprendido muchísimo.

Durante estos años, he tenido la suerte de observar una fauna increíble en todo tipo de hábitats, tanto aquí, en el Reino Unido, como en otros lugares. Desde veloces alcatraces que se lanzan en picado en la costa de Pembrokeshire hasta polillas del tamaño de un pájaro en Sri Lanka, canguros en el desierto australiano, monos aulladores en Nicaragua, serpientes arbóreas en la jungla de Malasia y albatros que se elevan en los acantilados dc Nueva Zelanda, cada encuentro mágico no hace más que despertar mi curiosidad. La Tierra es el único planeta (conocido) donde hay vida. Nuestro mundo natural es verdaderamente espectacular y convierte a esta pequeña esfera azul y verde en un lugar rico y vibrante para que los seres humanos crezcan y prosperen. Por desgracia, no se puede decir lo mismo del impacto que hemos causado en la naturaleza. La evolución nos presenta fascinantes historias de criaturas que se adaptan a lo largo de generaciones para vivir en entornos cambiantes. Pero con los cambios ambientales y de hábitat que se han impuesto a las poblaciones de vida silvestre en todo el mundo, incluso las especies más adaptables de la Tierra presentan dificultades para hacer frente a tales desafíos.

La investigación que he llevado a cabo para este libro me ha dejado maravillada y asombrada, ya que he conseguido descubrir nuevas especies con las que nunca me había topado antes, como el pez sapo o el manturón, cuya orina ¡huele a palomitas de maíz! Sin embargo, también me invadió una pena persistente: justo cuando descubría a estas criaturas, ya estaban en peligro de extinción.

Es triste pensar que, un día, algunos de nuestros animales salvajes más queridos desaparecerán y quedarán relegados a las páginas de libros de historia natural que describen especies que alguna vez deambularon por la Tierra, como el tigre de Tasmania, el dodo y el perico del paraíso. He incluido a los tres, entre algunos otros, en el libro, como un guiño a algunas de esas especies que desaparecieron hace ya mucho tiempo.

Sin embargo, hay muchas historias positivas, esperanzadoras y alentadoras de supervivencia; historias de éxito en materia de conservación de especies que se salvaron gracias a los esfuerzos de quienes trabajan incansablemente para protegerlas. Y es ahí donde debemos centrar nuestra atención, en lo que se puede hacer y en generar conciencia. Después de todo, con cada especie que perdemos, el mundo pierde color; son esas especies las que hacen que nuestro planeta sea único. Y todas merecen su lugar en él, desde los poderosos mamíferos como los tigres y las ballenas hasta los insectos más diminutos, sin los cuales sería difícil sobrevivir.

También hay historias de una asombrosa resiliencia, en las que se han redescubierto animales que se creían extintos hace mucho tiempo, a veces décadas después. Llamadas con acierto «especies Lázaro», han sobrevivido, viviendo en secreto, a menudo en cantidades diminutas y en algunos de los terrenos imaginables más remotos. Algunas de estas asombrosas criaturas aparecen en este libro, como el peculiar almiquí de Cuba.

Además del placer de la creatividad y de la sensación de bienestar que puede brindar el colorear, espero que *Un planeta precioso* le anime e inspire a descubrir más sobre las especies que he dibujado.

Para ayudarle, al final del libro encontrará un glosario y, también, algunas páginas en blanco para probar materiales y colores. Le invito a que añada algo a mis dibujos, ya sea un fondo o un adorno sencillo. Sumérjase en la calma creativa y disfrute haciendo que cada página sea suya.

Deseo que *Un planeta precioso* sea un libro esperanzador, que defienda y cree conciencia sobre algunas de nuestras especies en peligro de extinción. Y aunque me gustaría verlas a todas en la vida real, me encantaría que cobraran vida a través del color y del estilo, y que, además, comparta sus páginas terminadas en todo su esplendor, ya sea en las redes sociales o en la galería para colorear de mi web.

Así que, tanto si es un fanático de los tonos fluorescentes como si le gustan más los tonos armoniosos, disfrute del caos multicolor o prefiera una gama cromática en tonos pastel, dé vida a sus colores y celebre la extraordinaria vida salvaje de nuestro precioso planeta.

Millie Marotta

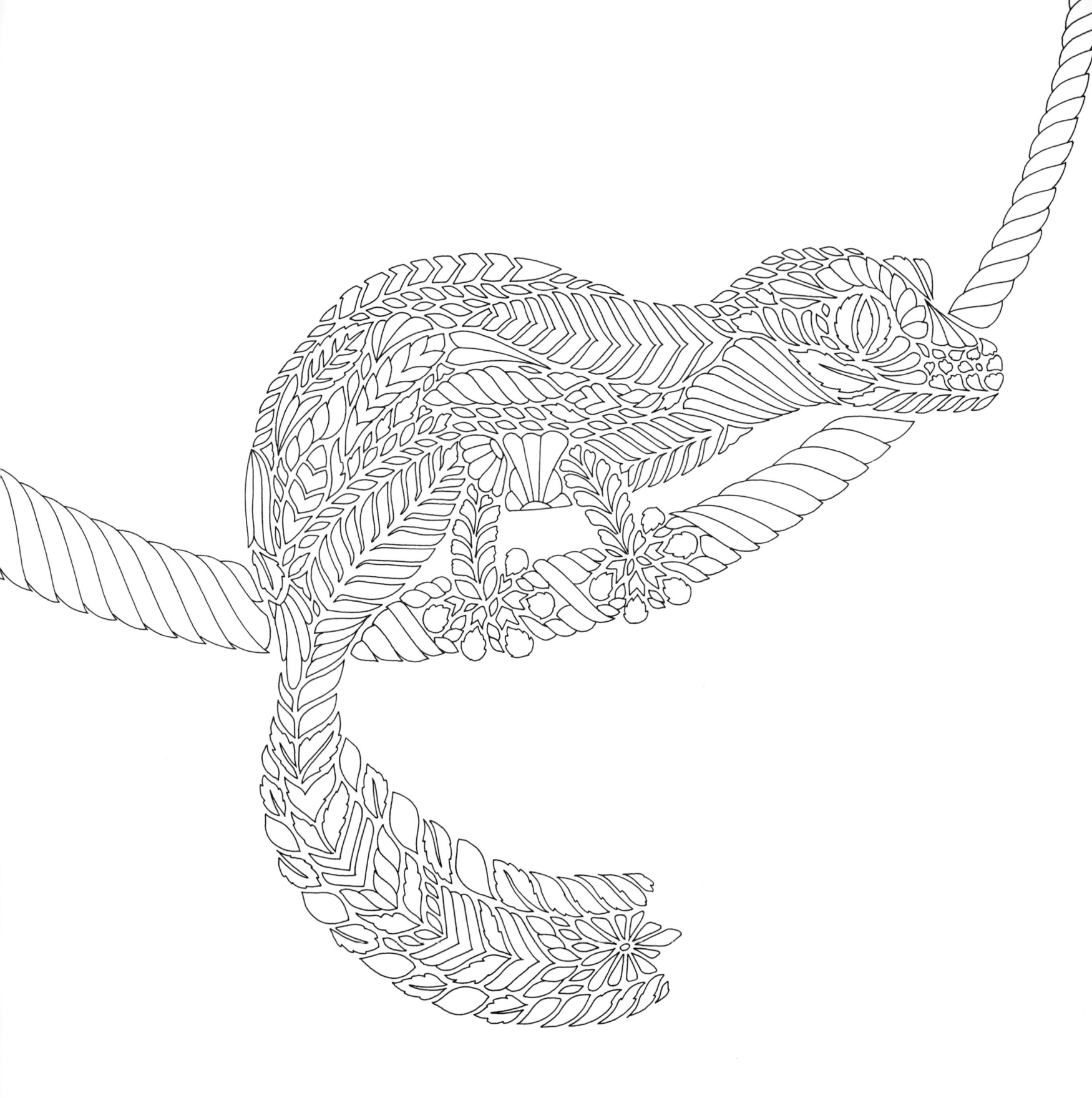

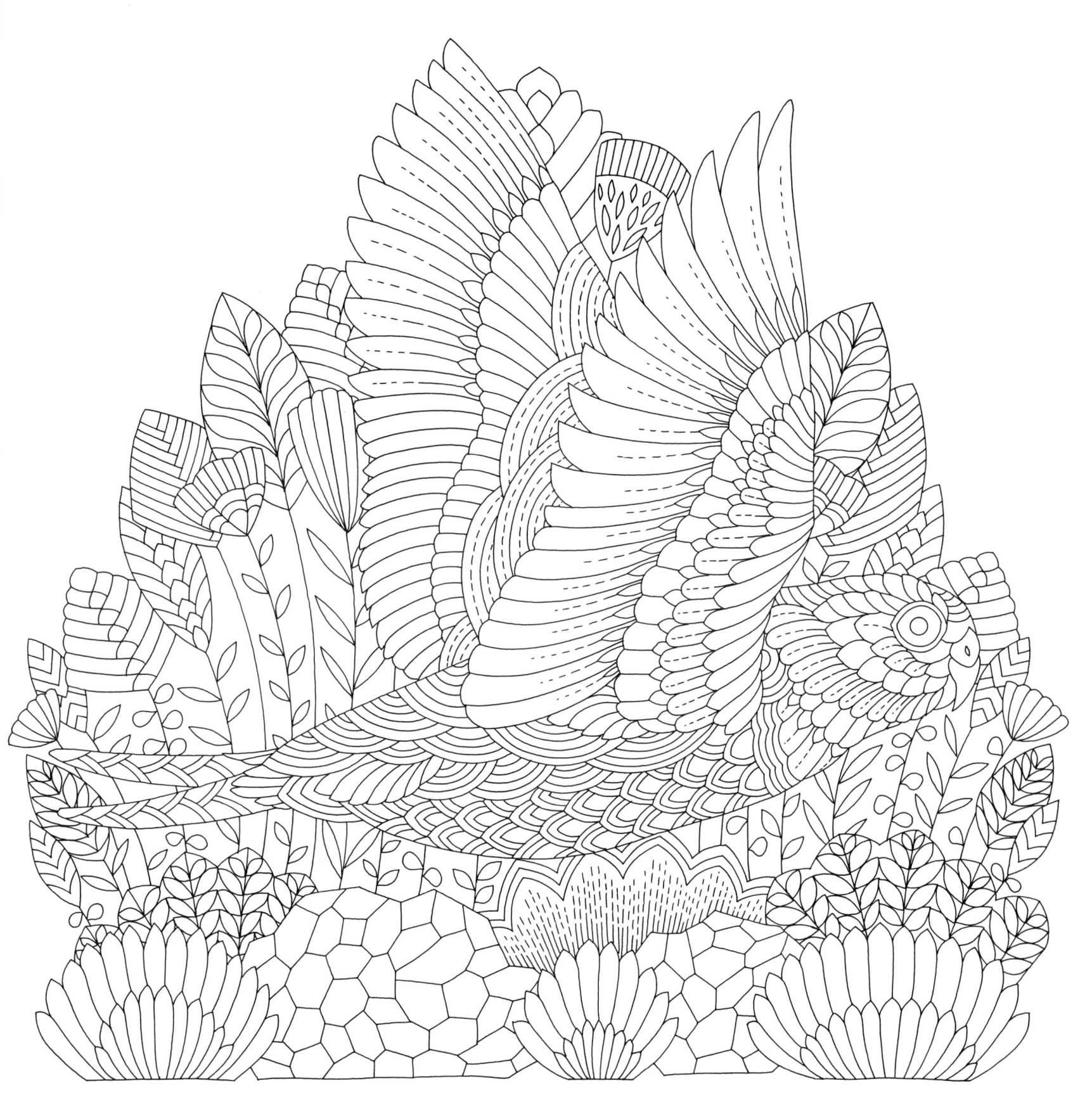

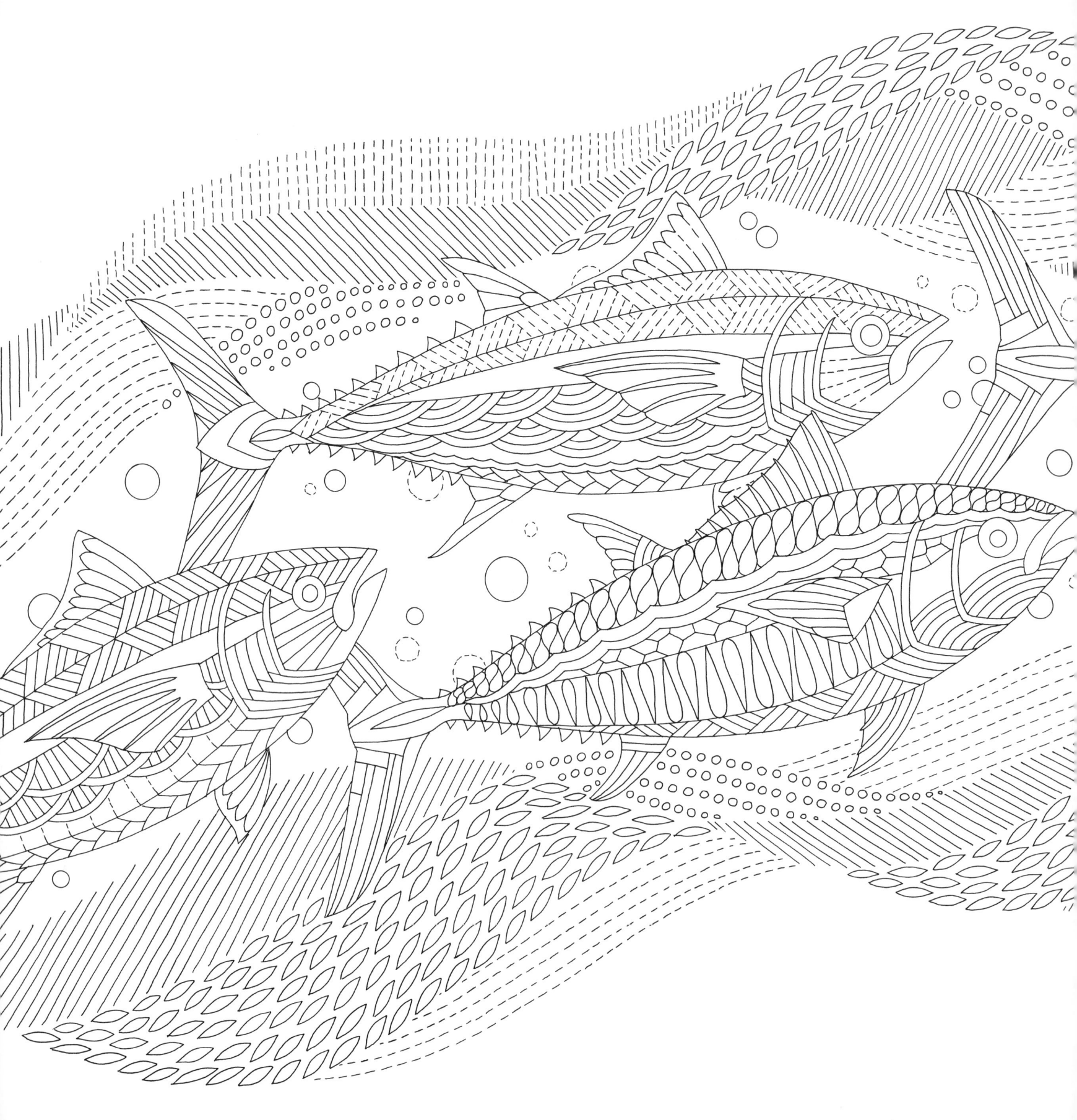

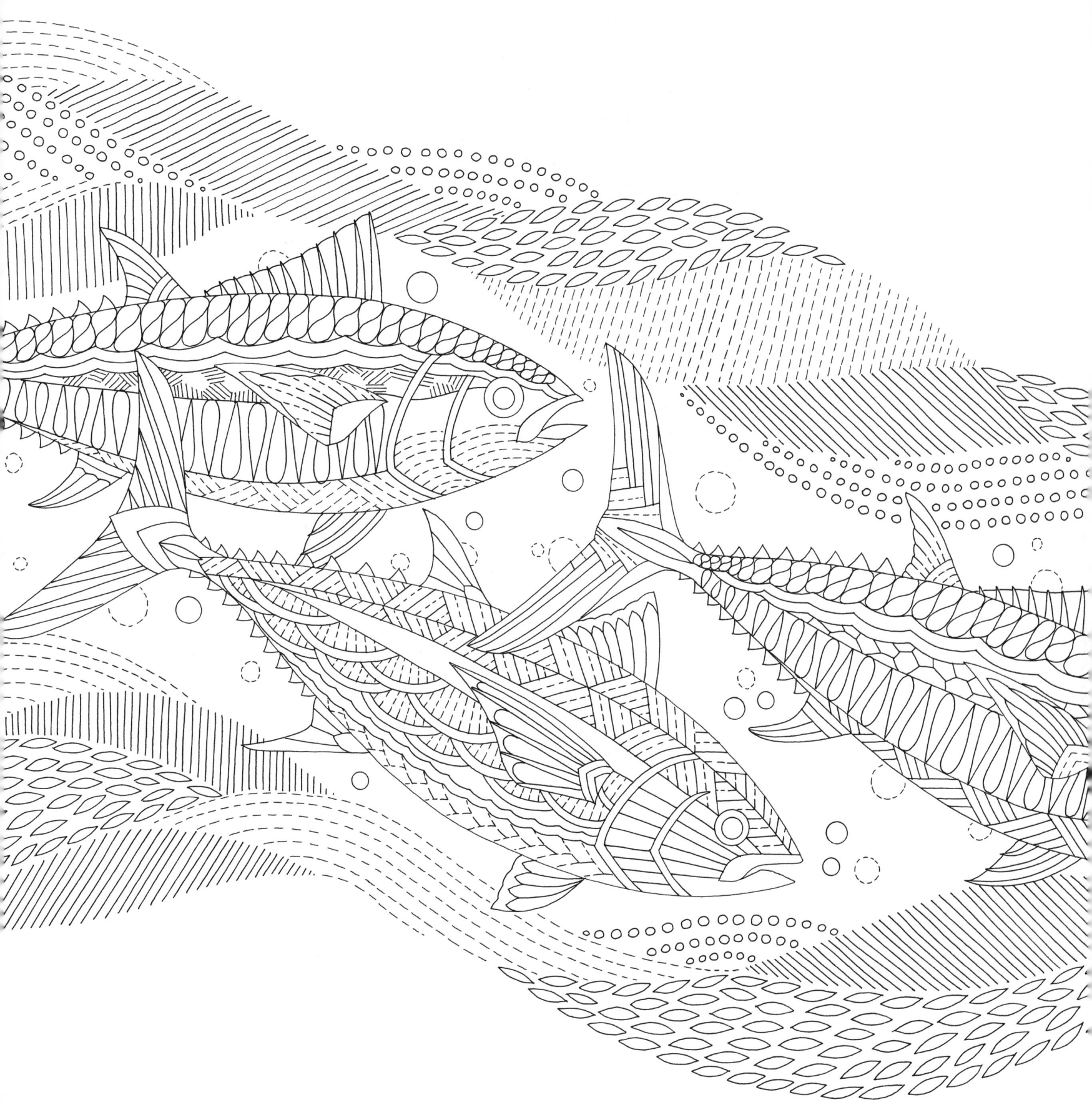

Relación de especies en
Un planeta precioso

Ajolote
(*Ambystoma mexicanum*)

Hipopótamo pigmeo
(*Choeropsis liberiensis*)

Picaflores de Cebú
(*Dicaeum quadricolor*)

Sisón de penacho
(*Sypheotides indicus*)

Gecko de cola plana de Günther
(*Uroplatus guentheri*)

Rana galaxia
(*Melanobatrachus indicus*)

Matrona basilaris japonica

Gorila de montaña
(*Gorilla beringei beringei*)

Perico nocturno
(*Pezoporus occidentalis*)

Dugón o dugongo
(*Dugong dugon*)

Mamut lanudo
(*Mammuthus primigenius*)

Gecko con garras
de las Granadinas
(*Gonatodes daudini*)

Rinoceronte de Java
y gorrión de Java
(*Rhinoceros sondaicus*
y *Lonchura oryzivora*)

Tortuga geométrica
(*Psammobates geometricus*)

Araña mariquita
(*Eresus sandaliatus*)

Rafflesia magnifica

Libélula rayadora púrpura
(*Libellula jesseana*)

Tigre de Java
(*Panthera tigris sondaica*)

Dodo
(*Raphus cucullatus*)

Oso hormiguero gigante
(*Myrmecophaga tridactyla*)

Orangután de Tapanuli
(*Pongo tapanuliensis*)

Tilacino
(*Thylacinus cynocephalus*)

Mantis enana de las Canarias
(*Pseudoyersinia canariensis*)

Camarones

Arlequín de las Célebes
(*Caridina woltereckae*)

Camarón mini abeja azul
(*Caridina loehae*)

Copo de oro amarillo
(*Caridina spinata*)

De agua dulce de las Célebes
(*Caridina masapi*)

Abejorros

Bombus affinis

Cuco de Suckley
(*Bombus suckleyi*)

Dorado del norte
(*Bombus fervidus*)

Occidental
(*Bombus occidentalis*)

Pica de Ilí
(*Ochotona iliensis*)

Pangolín arborícola
(*Phataginus tricuspis*)

Anguila japonesa
(*Anguilla japonica*)

Bucardo
(*Capra pyrenaica pyrenaica*)

Leopardo de Amur
(*Panthera pardus orientalis*)

Rowi
(*Apteryx rowi*)

Tortuga hoja de pecho negro
(*Geoemyda spengleri*)

Rata de agua
(*Arvicola sapidus*)

Caracol pintado cubano
(*Polymita picta*)

Marsopa lisa
(*Neophocaena asiaeorientalis*)

Carabus monilis

Pez sapo
(*Sanopus splendidus*)

Esturión del Atlántico
(*Acipenser oxyrinchus oxyrinchus*)

Elaeocarpus bojeri

Abeto de Corea
(*Abies koreana*)

Almiquí de Cuba
(*Atopogale cubana*)

Camaleón de Tarzán
(*Calumma tarzan*)

Oso panda gigante
(*Ailuropoda melanoleuca*)

Euastacus dharawalus

Salamandra gigante china
(*Andrias davidianus*)

Bongo
(*Tragelaphus eurycerus isaaci*)

Perico del paraíso
(*Psephotellus pulcherrimus*)

Quebrantahuesos
(*Gypaetus barbatus*)

Nutria marina
(*Enhydra lutris*)

Camello bactriano
(*Camelus bactrianus*)

Elefante africano de bosque
(*Loxodonta cyclotis*)

Avefría europea
(*Vanellus vanellus*)

Manturón
(*Arctictis binturong*)

Tigre dientes de sable
(*Smilodon fatalis*)

Ballena franca glacial,
ballena de los vascos
(*Eubalaena glacialis*)

Cangrejo herradura del Atlántico
(*Limulus polyphemus*)

Pez lija arlequín
(*Oxymonacanthus longirostris*)

Mariposa azufre de Madeira
(*Gonepteryx maderensis*)

Leopardo de las nieves
(*Panthera uncia*)

Polilla de sol dorado
(*Synemon plana*)

Caballo de Przewalski
(*Equus ferus przewalskii*)

Sapo de arroyo
(*Anaxyrus californicus*)

Tortuga carey
(*Eretmochelys imbricata*)

Atún rojo del sur
(*Thunnus maccoyii*)

Hojarasco de Santa Rosa
(*Magnolia wolfii*)

Alca gigante
(*Pinguinus impennis*)

Macá tobiano
(*Podiceps gallardoi*)

Agalychnis lemur

Stethophyma grossum

Delfín de Héctor
(*Cephalorhynchus hectori*)

Pruebe aquí sus gamas cromáticas y sus materiales…

También de Millie Marotta